Sven Braungart

Leben im Wohnwagen

Von der Idee bis zur Umsetzung

Leben im Wohnwagen

Von der Idee bis zur Umsetzung

Sven Braungart

Impressum:

Bibliografische Information der Deutschen Nationalbibliothek:

Die Deutsche Nationalbibliothek verzeichnet diese Publikation in der Deutschen Nationalbibliografie; detaillierte bibliografische Daten sind im Internet über http://dnb.dnb.de abrufbar.

© 2020 Sven Braungart

weitere Mitwirkende:

Elaine Binnefeld

Jennifer Loos

Herstellung und Verlag: BoD – Books on Demand, Norderstedt

ISBN: 978-3-7519-1355-3

Inhaltsverzeichnis

Das Vorwort:

Guten Tag lieber Leser,

Als erstes möchte ich dir für den Kauf dieses Buches danken und hoffe, dass du dir durch dieses Buch ein paar gute Ideen oder auch Inspiration dazu holen kannst, wie es ist, auf dem Campingplatz dauerhaft zu wohnen. Ich selbst lebe nun schon seit einiger Zeit auf dem Campingplatz und möchte dir erzählen, wie ich zu diesem Leben gekommen bin, aber ich möchte dir auch wichtige Tipps geben, solltest auch du mit dem Gedanken spielen, mit einem Wohnwagen auf einen Campingplatz ziehen zu wollen. Vielleicht hast du aber auch schon den Entschluss gefasst, dass du auf einen Campingplatz ziehen möchtest und suchst nun nach wertvollen Tipps und Ratschlägen?
In diesem Buch möchte ich dir erzählen, wie du dich am besten auf das Leben in deinem potenziellen neuen Zuhause vorbereiten kannst, werde dir wertvolle Tipps geben und dich auch auf einige Stolperfallen hinweisen, die dir in diesem neuen Lebensabschnitt über den-Weg laufen werden. Zudem zeige ich dir, wie das Leben im Wohnwagen für mich aussieht. Aber ich würde mich an dieser Stelle erst gerne einmal bei dir vorstellen.

Ich bin 31 Jahre alt und komme aus München. Wie du bestimmt weißt, gehört München zu einen der teuersten Städte in Deutschland.
Meine Miete, bevor ich in den Wohnwagen gezogen bin, war

810€ warm. Aber nicht für eine zwei- oder sogar drei-Zimmer-Wohnung. Nein, es handelte sich um eine kleine, ca. 45qm große ein-Zimmer-Wohnung. Du wirst dir jetzt bestimmt denken, dass es verrückt ist, so viel Geld für so eine kleine Wohnung auszugeben.

Nun, wie sollte sich dies ein Arbeiter, der nur für Mindestlohn arbeitet, leisten können? Oder ein Student? Um nur zwei Beispiele zu nennen. Vielleicht siehst du es auch nicht mehr ein, mehr als ein Drittel deines Geldes für deine, nicht mal eigenen, vier Wände, auszugeben?

Allerdings wirst du unter 650€ bis 700€ in München nichts finden. Und dann hast du nicht mal einen Garten, geschweige denn einen See oder eine schöne Landschaft vor der Tür, sondern vielleicht nur eine kleine Wohnung in einem Mehrfamilienhaus.

Und falls diese doch mal für unter 700€ zu haben sind, dann kannst du dir vorstellen, dass sich mehrere Hundert Menschen auf diese Wohnung bewerben. Das klingt nun vielleicht nach sehr viel und auch schon fast ein wenig unglaubwürdig. Aber ich habe mit mehreren Vermietern gesprochen. Auch mit vielen Leuten die auf Wohnungssuche sind. Viele Vermieter haben mir gesagt, dass sie innerhalb von zwei Tagen die Anzeige für ihre Mietwohnung wieder zurückziehen mussten, da die vielen Anfragen ihr Postfach überfüllt haben.

Daraufhin bin ich auf die Idee gekommen, mich nach möglichen Alternativen umzusehen.

Die Idee

Die Idee in den Wohnwagen zu ziehen ist nicht neu und wird schon seit Jahren praktiziert.

Gerade in den Vereinigten Staaten kennt man die Trailer Parks, zu Deutsch, Wohnwagensiedlungen. Dort sind es, anders als wie hier, allerdings keine Randerscheinungen mehr, und die Menschen gehen offener damit um, dass Sie in Wohnwägen leben, als wir hier in Deutschland.

Hier in Deutschland haben Wohnwagensiedlungen keinen sehr hohen Stellwert in der Gesellschaft.

Im Gegenteil.

Oft wird demjenigen, der in einem Wohnwagen oder Wohnmobil wohnt, nachgesagt, dass er kein Geld habe, um sich eine Wohnung zu mieten, geschweige denn zu kaufen, drogenabhängig sei oder sogar von der Schufa und Justiz gesucht wird.

Also kurz gesagt, nur Verbrecher und Personen unter dem Existenzminimum leben in Wohnwägen.

Aber wenn wir das ganze einmal ohne jegliche Vorurteile sehen ist es einfach nur eine Alternative zu den immer steigenden Mietpreisen in München sowie in anderen Großstätten.

Wohnwagen oder Wohnmobil?

An dieser Stelle sollte ich vielleicht anmerken, dass ich bisher sehr viel von Wohnwägen geschrieben habe, allerdings sind diese Ideen und Überlegungen natürlich gleich gestellt mit Wohnmobilen.

Erst einmal muss man sich darüber im Klaren werden, ob man eher Dauercamper auf einem Stellplatz sein möchte, oder ob man doch lieber auf Achse sein und entweder Deutschland, oder gleich die ganze Welt bereisen möchte.

Dadurch stellen sich folgende Fragen:

- Möchte ich öfter den Standort wechseln?
- Bin ich an Orten unterwegs, an denen ich nur schwer Strom bekomme?
- Hat mein Platz einen Stromanschluss?
- Habe ich ein Solaranlage oder andere externe Stromquellen?

Ein Wohnwagen wird meist über einen Landstromanschluss mit Strom versorgt, da keinerlei Batterie vorhanden ist, die aufgeladen werden könnte. Es besteht zwar die Möglichkeit, eine Batterie im Wohnwagen zu installieren und diese mithilfe von Solaranlagen oder anderen externen Stromquellen anzutreiben. Es ist jedoch einfacher, wenn der Wohnwagen an einem festen Standort aufgestellt ist und dort „Landstrom" bezieht.
Ein Wohnmobil hingegen bezieht die gebrauchte Energie durch die im Motorraum vorhandene Batterie. Diese lädt sich durch eine im Motor verbaute Lichtmaschine immer wieder auf.

Dadurch hat man ein Stück mehr Freiheit, da man so nicht unbedingt an einen Stromanschluss angewiesen ist.

Zudem ist auch Wasser ein wichtiger Bestandteil des Lebens und des Überlebens. Ein Wassertank ist normalerweise in allen gängigen Wohnmobilen vorhanden, allerdings haben auch einige Wohnwägen einen extra Wassertank verbaut. Jedoch laufen diese Wassertanks über eine Pumpe. Und diese Pumpe benötigt natürlich Strom um zu laufen.

Es ist natürlich prinzipiell auch möglich, mit einem Wohnwagen Deutschland und die Welt zu erkunden, und im Umkehrschluss auch genauso möglich, im Wohnmobil Dauercamper zu sein. Was auch, unter anderem auf meinem Stellplatz, praktiziert wird.
Ich möchte an der Stelle noch auf mobile Häuser aufmerksam machen, denen ich aber aus verschiedenen Gründen, unter anderem den noch sehr geringen Plätzen in Deutschland, weniger Aufmerksamkeit schenken möchte.

Das Tiny House

Bevor wir allerdings nun auf die Vor- und Nachteile eines Tiny House eingehen, sollten wir klären, was dies überhaupt ist. Kurz gesagt ist ein Tiny House ein kleines Haus auf Rädern. Wenn man es jedoch genauer betrachtet, ist ein Tiny House doch weitaus mehr als ein Haus auf zwei oder drei Rädern. Ein Tiny House hat alles, was ein feststehendes Haus auch hat. Es ist teilweise besser isoliert als ein Wohnwagen und die Technik ist eher wie in einem Haus als in einem Wohnwagen. Beispiel?
Ein Wohnwagen hat meistens nur eine Toilette für unterwegs

und muss auch geleert werden. Ein Tiny House hat hier meistens eine richtige Abwasseranlage mit einem Abwasseranschluss.

Allerdings bringt diese Technik natürlich einiges an Gewicht mit. Meistens dürfen die Tinys nur auf einem Schwerlasttransport gefahren werden. Normalerweise hat ein Tiny House auch keine Straßenzulassung.

Und ein weiterer wichtiger Punkt ist, dass ein Campingplatz, auf dem ein Tiny House aufgestellt werden soll, extra über expliziert ausgewiesenen Stellplätze dafür verfügen muss. Hier müssen eine Frischwasseranlage und eine Abwasseranlage vorhanden sein, wenn diese nicht schon im Tiny House installiert wurde.

Dafür bietet aber ein Tiny House doch einiges mehr an Platz und gewohnten Komfort als ein Wohnwagen.

Wenn man einen Stellplatz gefunden hat, der sich für das Tiny House eignet und man vorhat, diesen Stellplatz länger zu benutzen, wenn nicht sogar bis an das Lebensende, so kann es natürlich durchaus sinnvoll sein, in ein Tiny House zu ziehen. Aber du solltest auch unterscheiden zwischen einem Wohnwagen aus Holz, der meist mit einem Führerschein der Klasse BE zu fahren ist und einem wirklichen Tiny House, was eher feststeht und aufgrund des hohen Gewichtes doch einen Sondertransport erfordert.

Wie du siehst, gibt es einige Gründe für aber auch gegen ein Tiny House. Und das ist gerade mal nur ein kleiner Vergleich.

Die Überlegung in einen Wohnwagen zu ziehen

Ich möchte hier am Anfang erwähnen, dass ich in dem Kapitel erst mal auf vieles oberflächlich eingehen werde. Allerdings werde ich weiter unten dann noch deutlicher auf das ein oder andere zu sprechen kommen.

Mit der Idee kommt das ganze ins Rollen und damit fing es an: die Überlegung, in den Wohnwagen zu ziehen.
Und dies sollte wirklich gut überlegt werden.
Vielleicht hast du deinen Urlaub schon in einem Wohnwagen verbracht und es ist somit kein unbekanntes Gebiet mehr.
Vielleicht reizt dich der Gedanke auch nur, dass du vorübergehend in einem Wohnwagen wohnst?
Möglicherweise siehst du es allerdings auch als ein Abenteuer an, in einem Wohnwagen zu wohnen?
Egal ob und welche Gründe dich in den Wohnwagen ziehen, es ist eine Entscheidung, die einen Rattenschwanz mit sich zieht.
Du gibst deine vorherige Wohnung auf und kannst nicht, wie nach einem Urlaub, wieder zurück in eben diese. Immerhin sind der Wohnwagen und der Campingplatz nun deine neue Wohnung.
Daher muss dieser Schritt gut überlegt sein. Es hat seine Vorteile in einem Wohnwagen zu wohnen, allerdings bringt es auch einige Nachteile mit sich.

Solltest du allerdings noch nicht wissen, ob du das wirklich machen möchtest, könntest du dir mal für ein Wochenende oder auch eine Woche einen Wohnwagen ausleihen. Aber solltest du das machen, solltest du daran denken, dass es während dieser Zeit deine einzige Wohnung sein sollte.

Zudem wäre es das Beste, wenn du es aus deinem Alltag heraus machst. Also nicht während du Urlaub oder mal frei hast. Stattdessen solltest du den Wohnwagen in deinen Alltag intrigieren. Soll heißen, du musst in die Arbeit gehen, Freunde treffen oder auch im Wohnwagen essen und relaxen. Also alles, was du auch in einer Mietwohnung machen würdest.

Und, vielleicht sollte ich hier noch erwähnen, dass du, wenn du dir einen Wohnwagen mietest, darauf achten musst, dass er deinem finanziellen Stand gerecht wird.

Klar kannst du dir einen Wohnwagen mieten, der jede Menge Luxus hat.

Aber kannst du dir den dann auch wirklich kaufen oder wirst du hier Abstriche machen müssen?

Immerhin soll es kein Urlaub werden, sondern der Test für ein neues Leben. Also wäre es besser du machst hier mehr Abstriche um in deinem finanziellen Rahmen zu bleiben und freust dich, wenn du einen Wohnwagen findest, der dir dann doch noch ein wenig mehr Komfort bietet.

Und bedenke, je länger du dein neues Leben testest, desto sicherer wirst du dir.

Klar, eine Nacht im Wohnwagen ist außergewöhnlich und interessant, aber nach einer Woche könnte es schon wieder ganz anders aussehen. Aber auch hier bestimmt wieder deine finanzielle Situation den Komfort den du dir leisten kannst und magst. Dazu kommt natürlich, wie anpassungsfähig du bist und wie schnell du mit neuen Situationen umgehen kannst.

Immerhin ist das nun dein neues Zuhause. Soll im Klartext heißen, du musst mit dem Gedanken Leben können, dass du hier wohnst.

Auch wenn es nur ein Test ist.

Es muss sich so echt anfühlen, als würdest du tatsächlich im Wohnwagen wohnen.

Natürlich kannst du auch, ohne je einen Wohnwagen von innen gesehen zu haben, auf die Idee kommen, in so einem wohnen zu wollen und auch das kann durchaus schön sein und seinen Reiz haben. Es ist halt dann noch mehr ein Abenteuer, als wenn man es vorher schon ausprobiert hat. Du solltest dir aber dann sicher sein, dass du das möchtest und durchaus auch ein oder mehrere Nächte drüber geschlafen haben.

Solltest du bereits Erfahrungen im Wohnwagen gemacht haben oder sogar schon einen eigenen Wohnwagen besitzen, dann können die Überlegungen weiter gehen.
Wie gerade geschrieben, kannst du aber auch ohne je einen Wohnwagen von innen gesehen zu haben, im Wohnwagen glücklich werden. Das wäre halt der Sprung in das kalte Wasser. Aber mal ehrlich, dass macht es doch auch interessant?

Bei deiner Überlegung in den Wohnwagen zu ziehen musst du dir bewusst sein, dass du durchaus weniger Platz haben wirst, als du es momentan hast. Aber hier ist die Größe des Wohnwagens bzw. des Wohnmobils natürlich entscheidend. Es gibt wirklich große Wohnwägen. Teilweise gibt es auch Wohnmobile, die so groß sind, wie ein Reisebus.
Aber das sind natürlich spezielle Fahrzeuge die mehr Geld kosten. Und je größer das Vehikel, desto schwieriger wird es, einen geeigneten Platz zu finden. Aber auch hier heißt es wieder, was willst du und wie viel bist du bereit dafür zu

investieren?

Ich geh nun mal von einem durchschnittlichen Wohnwagen, zwischen sechs bis 15 Metern aus. So wie es oft der Standard ist.

Klar, sechs Meter sind nicht gerade groß und man muss mehr Abstriche machen als in einem 15 Meter langen Wohnwagen. Allerdings kostet dieser auch weniger.

Und sollte dir der Platz in deinem Wohnwagen nicht reichen, gibt es Alternativen dafür, wie zum Beispiel ein Lager zum Einlagern von Gegenständen.

Aber sind wir mal ehrlich, was liegt bei uns im Keller? Meistens das, was wir eh nicht mehr brauchen, aber uns einreden, dass wir es vielleicht irgendwann gebrauchen könnten. Was allerdings für einige schwer werden könnte, ist es, sich von Kleidung zu trennen. Du solltest dabei bedenken, dass du kaum Platz im Wohnwagen hast und dich somit auch von einigen Kleidungsstücken trennen musst. Auch der große Fernseher und der PC können evtl. nicht mit umziehen. Aber reichen ein kleiner Fernseher und ein Laptop nicht auch aus? Und, um es mal erwähnt zu haben, ich habe meine Spielekonsole auch mitgenommen und zocke hier regelmäßig. Also vielleicht wäre es auch denkbar, dass du von dem PC auf eine Konsole umsteigst?

Dann musst du daran denken, dass die Wände deines Wohnwagens viel dünner sind und somit hörst du öfters Geräusche, teilweise auch Gespräche von draußen. Auch die Personen, die vor deinem Wohnwagen sind, hören deine Gespräche und deine Musik mit.

Gerade der Winter wird, aufgrund der dünnen Wände, härter als in einer Wohnung, da es sehr kalt werden wird. Deshalb ist es ganz wichtig, dass dein Wohnwagen, solltest du im Winter dort wohnen wollen, eine Heizung hat. Aber dazu komme ich in den Kapiteln Sommer und Winter nochmal genauer drauf zu sprechen. Auch auf eine Küche und einen ordentlichen Schlafplatz darfst du im Wohnwagen nicht verzichten. Abstriche kannst du allerdings bei dem Bad machen, da viele Plätze eigene Sanitäranlagen mit WC und Dusche haben. Ich habe mein Bad zum Beispiel auch als Kleiderschrank mit eingerichtet. Also habe ich ein Badezimmer und Kleiderschrank in einem. Aber das Bad ist eher dafür gedacht, dass wenn ich meine Zähne putzen oder wenn ich mal die Hände waschen möchte, ich nicht mehr raus gehen muss. Für Duschen und Toilettengänge nutze ich die hier vorhandenen Sanitäranlagen.

Du wirst auf jeden Fall weniger Platz haben als in einer Wohnung oder sogar einem Haus. Was wiederum bedeutet, dass du vieles nicht einfach liegen lassen kannst, sondern sobald du es nicht mehr brauchst, wäre es von Vorteil dies gleich aufzuräumen. So bleibt dein Wohnwagen schön, sauber und wirkt auch nicht so eng. Und wo wir gerade beim Thema sauber halten sind, hier ist zu erwähnen, dass du weniger sauber machen musst. Der Haushalt ist normalerweise in wenigen Minuten erledigt.

Und sollte der Platz dir wirklich nicht reichen, kann man normalerweise auch ein Vorzelt am Wohnwagen befestigen. Das bringt dir doch einiges mehr an Freiheit, da du so mehr Abstellmöglichkeiten hast. Wenn du zum Beispiel Propangas Flaschen lagerst, sind diese in einem Vorzelt doch besser aufgehoben als in deinem Wohnwagen. Auch das Leergut und der Müll macht sich doch besser draußen als drinnen. Und einige Dauercamper ziehen sich im Vorzelt auch die Schuhe aus und haben so die Schuhe, wie in einem Flur, gleich ordentlich aufgeräumt vor dem Wohnwagen und bringen gleichzeitig nicht so viel Dreck mit rein.

Du kannst natürlich auch, je nach Größe des Vorzeltes, einen Tisch und Stühle oder aber auch ein Sofa und ähnliches reinstellen, Es gibt auch Personen, die haben eine ganze Küche in ihrem Vorzelt.

Also, wie du siehst, ist das eine wirklich nützliche Anschaffung, allerdings ist diese nicht unbedingt notwendig. Kommen wir nun zu einem, in der heutigen Zeit sehr wichtigen Punkt. Das Internet und die Internetverbindung. Manche Campingplätze bieten kostenloses W-Lan an. Manch anderer verlangt eine geringe Gebühr, die meist so zwischen 5€ -20€ pro Monat sind. Dann gibt es aber auch Betreiber von Campingplätzen, die überhaupt kein Internet anbieten.

Und wo wir gerade bei den Kosten sind, habe ich schon erwähnt, dass die Stellplatzkosten pro Monat bei 100€ bis 300€, je nach Ausstattung und Ort des Platzes liegen? Das ist um einiges günstiger als in einer Mietwohnung. Bei den meisten Plätzen ist der Autostellplatz sogar inklusive.

Und auch die Wäsche kann bei den meisten Campingplätzen gegen eine geringe Gebühr von im Schnitt 2€ bis 3€ gewaschen werden. Sollte allerdings dein Wunschplatz keine Waschmaschine / Trockner besitzen oder du es nicht möchtest, deine Waschmaschine mit anderen zu teilen, kann man sich für ca. 60€ eine Camping Waschmaschine kaufen. Die hat zwar weniger Fassungsvermögen, aber man benötigt dazu keinen Wasseranschluss. Hierauf kommen wir aber später noch genauer drauf zu sprechen.

Und für die Grillfreunde hier noch ein kleines "Schmankerl". Auf vielen Plätzen darf gegrillt werden. Und dies wird auch von vielen, gerne, praktiziert.

Des Weiteren liegen viele Campingplätze mitten in der Natur oder sogar am See. Das bedeutet, dass du einen See oder einen schönen Wald genau vor der Tür hast und so den Feierabend im Grünen genießen kannst. Aber da schöne Landschaften im Grünen auch viele Menschen anziehen, sind die Plätze meist durch Zäune oder Schranken geschützt. Wodurch sich der Vorteil ergibt, dass nur Bewohner oder Gäste auf das Gelände dürfen und sich, normalerweise, keine fremden Personen auf dem Platz aufhalten.

Hier ist allerdings noch zu erwähnen, dass sich einige Campingplätze zwar in der Natur befinden, aber dadurch nur schwer von den öffentlichen Verkehrsanbindungen bedient werden.

Und dann noch den letzten Punkt.

Die Meldeadresse

Viele Campingplätze bieten eine Meldeadresse an. Aber auch hier gibt es wieder Unterschiede. Nur ohne Meldeadresse fällt man in Lohnsteuerklasse 6 oder man bekommt vom Amt keine Bezüge. Daher ist es unabdingbar, eine Meldeadresse zu haben.

Also hat das Leben im Wohnwagen seine Vor-und Nachteile.

Fassen wir hier noch einmal die wichtigsten Punkte zusammen:

Vorteile:

- Geringe Stellplatzkosten (100€-300€ Monat
- Teilweise kostenloses W-LAN
- Weniger Haushalt
- viele Campingplätze liegen am See oder in der Natur
- Überwachter Stellplatz

- Auto meist neben der Tür oder in der Nähe, keine Parkplatzsuche
- (Meldeadresse wie bei einer Mietwohnung)
- wohnen, wo andere Urlaub machen

Nachteile
- weniger Platz als in einer Wohnung oder sogar einem Haus
- Teilweise weite Wege zu sanitären Anlagen
- (Teilweise kein Highspeed Internet)
- (Meldeadresse gibt es nicht auf allen Plätzen)
- Teilweise schlechte Bus und Bahn Anbindungen
- Sehr hellhörig, durch dünne Wände

Also ihr seht, dass es wirklich viele Vorteile aber auch einige Nachteile gibt. Das muss also jeder für sich entscheiden.

Der richtige Wohnwagen

Solltest du noch keinen Wohnwagen haben oder dir nicht sicher sein, ob dein Wohnwagen sich für das Dauercamping eignet, solltest du das Kapitel lesen. Hier möchte ich dir die wichtigsten Ausstattungsmerkmale für den dauerhaften Aufenthalt im Wohnwagen nennen. Vorweg muss ich sagen, dass alle Menschen verschieden sind und der eine auf mehr Ausstattung wert legt als der andere. Ich versuche hier die nötigsten Ausstattungsmerkmale zu nennen.
Den richtigen Wohnwagen zu finden ist wie die richtige Wohnung zu finden. Es gibt viele verschiedene Merkmale und Ausstattungen.
Die wichtigsten Punkte, die dein Wohnwagen erfüllen muss, sind unter anderem eine kleine Küche, mindestens eine Herdplatte, ein Kühlschrank wäre von Vorteil. Am besten wird dieser mit Gas betrieben. Ein Kühlschrank im Wohnwagen ist für den Gasbetrieb ausgelegt und verbraucht sehr viel Strom. Zu dem Standard gehört auch, was klar sein sollte, mindestens eine Sitzgelegenheit, ein Tisch und natürlich ein Bett. Manche eher kleinere Wohnwägen haben allerdings kein eigenes Bett und eine eigene Bank oder sogar Sofa, sondern diese sind alle in einem integriert. Das bedeutet, dass wenn man schlafen gehen möchte erst die Bank zum Bett umgebaut werden muss und am nächsten Tag wieder zurück gebaut werden sollte, damit man gemütlich essen kann. Für den Urlaub ist dies durchaus auch eine gute Idee, aber solltest du beabsichtigen, länger in einem Wohnwagen zu wohnen und diesen nicht nur zum Überbrücken zu nutzen, rate ich dir, achte drauf, dass der Wohnwagen über ein extra Bett sowie eine Bank und einen Tisch verfügt.
Zudem ist ein wichtiges Thema im Wohnwagen die

eingebauten Schränke.

Und gerade bei diesen ist es von Vorteil, wenn du viele hast. Je mehr Schränke du hast, desto mehr verfügbaren Stauraum hast du im Wohnwagen.

Außerdem ist es sehr wichtig, vor allem im Winter, eine geeignete **Heizung zu haben**. Es gibt hier unterschiedliche Modelle. Die einen brauchen Strom und Gas um zu funktionieren, manche laufen nur auf Gas. Bei anderen Modellen benötigst du den Strom nicht zwangsläufig, sondern nur als Lüftung, damit sich der Wohnwagen gleichmäßig aufheizen kann. Oder der Strom dient der zusätzlichen Heizung, vergleichbar mit einem Heizlüfter.

Weiterhin sehr nützlich sind im Wohnwagen eine Toilette und mindestens ein Waschbecken. Auf diese kann man aber auch verzichten. Dann ist allerdings darauf zu achten, dass der Campingplatz Sanitäranlagen hat und diese ordentlich sind. Bedenke bei der Entscheidung auch, dass es im Winter kalt wird und wenn du weiter weg von den sanitären Anlagen bist, du dich warm anziehen solltest, um auf das WC zu gehen, Duschen zu gehen oder auch mal, wenn du die Hände waschen möchtest.

Im Sommer kann es durchaus mal sehr Heiß werden. Es gibt Wohnwagen die eine Klimaanlage haben. Es gibt aber natürlich auch genügend Alternativen wie mobile Klimaanlagen oder Ventilatoren. Bedenke aber, dass alles was du im Wohnwagen nachrüstest mehr Platz benötigt, der dir hinterher abgehen kann.

Sollte es möglich sein, achte auf eine bestandene Gasprüfung, da diese von enormer Bedeutung für dich und dein Leben ist. Natürlich kannst du auch eine Gasdichtungsprüfung nach dem Kauf durchführen lassen, diese dann allerdings vom Fachmann. Diese ist, für deine eigene Sicherheit, unabdingbar.

Wichtig ist auch, ob der Wohnwagen dicht ist. Es macht keinen Sinn sich einen Wohnwagen zu kaufen, der wenn es regnet nicht bewohnbar ist. Und Schimmel sollte auch keiner vorhanden sein.

Lass uns hier die wichtigsten Punkte nochmal zusammenfassen:

Die wichtigsten Ausstattungen sind:
- Dichtung
- Herdplatten
- Kühlschrank
- Bett
- Schränke
- Tisch und eine Bank
- Heizung
- kein Schimmel

Optimal wären dazu:
- Bestanden Gasprüfung
- Waschbecken und eine Toilette
- Eigene Dusche
- Klimaanlage

Der richtige Campingplatz

Wenn diese Überlegungen abgeschlossen sind und du dir sicher bist, dass du in den Wohnwagen ziehen möchtest, kommt es nun auf den richtigen Platz an. Dieser ist sehr wichtig, da du dort dann wohnen wirst.

Die erste Hürde ist es wohl, einen Campingplatz zu finden, der das ganze Jahr aufhat. Viele Campingplätze haben nur in der Sommer-Saison auf. Diese läuft meistens zwischen dem 01.04 bis zum 31.10. Du willst aber das ganze Jahr drauf wohnen. Vielleicht gibt es welche von euch, die nur einen Monat oder zwei Monate überbrücken wollen, weil die neue Wohnung noch nicht zum Einzug bereitsteht oder du möchtest einfach nur die Sommermonate auf dem Campingplatz verbringen. Für die ist es einfacher einen Campingplatz zu finden.

Aber wir wollen uns mit dem langen, also dauerhaften Wohnen auf dem Campingplatz befassen. Und da muss der Platz dann das ganze Jahr zugänglich sein.

Viele Campingplätze, die das Dauercamping anbieten, unterteilen das Jahr in zwei Hälfen. Die Haupt- und Nebensaison. In der Saison haben sie für alle Personen geöffnet und das Büro, eventuell ein Kiosk oder Restaurant oder anderer Geschäfte sind geöffnet.

In der Nebensaison sind die Geschäfte sowie das Büro geschlossen und es wird nun schwer, einen Betreiber anzutreffen. Aber durch das Telefon oder E-Mail sind die Betreiber des Platzes dennoch weiterhin zu erreichen. Die Erreichbarkeit des Betreibers, wenn der Platz für Urlauber geschlossen ist, sollte aber im Vorfeld abgesprochen werden.

Solltest du einen Platz gefunden haben, wo du das ganze Jahr bleiben kannst, kommt noch eine, wenn nicht sogar die schwerste Hürde:

Die Meldeadresse

Aber auf die möchte ich später noch in einem eigenen Kapitel drauf zu sprechen kommen. Am Rande sei kurz das nötigste erwähnt.

Viele Campingplätze bieten eine Meldeadresse an. Gerade wenn du das ganze Jahr auf dem Platz wohnen darfst. Und wenn dein ausgewählter Campingplatz diese nicht anbietet, dann gibt es legale Tricks wie du dennoch eine Meldeadresse bekommst. Aber ich persönlich finde, es hat mehr Vorteile, sich einen Platz mit Meldeadresse zu suchen. Dazu aber später mehr.

Solltest du also nun einen Platz gefunden haben, der das ganze Jahr geöffnet hat und du dich im besten Fall dort noch melden kannst, nimmt die Planung nun schon Gestalt an.

Der nächste Schritt ist ein Termin mit dem "Platzhirsch" auszumachen um den Platz erst mal zu besichtigen sowie die Preise zu erfragen.

Viele Betreiber geben Rabatt je länger man bleibt. So kann der Stellplatz im Monat 250€ kosten, wenn man aber ein halbes Jahr im Voraus bezahlt, fällt die Mehrwertsteuer weg und der Preis kann sich pro Monat, inklusive Rabatt bis zu 50€ verringern. Dann hat man nur noch monatliche Kosten von 200€. Allerdings ist man dann an diesen Platz gleich länger gebunden.

Am besten ist es, mit dem Betreiber eine **Probezeit** zu vereinbaren. Ich habe es zum Beispiel so gemacht, dass ich meinen Stellplatz für ein halbes Jahr angemietet habe, aber eine Probezeit von einem Monat vereinbart habe. Sollte es mir nicht gefallen, kann ich einfach wieder gehen und bezahle nur den einen Monat. Sollte ich länger als ein Monat bleiben bezahle ich das ganze halbe Jahr. Aber wenn ein Monat um ist, sollte man Gewissheit haben, ob man das wirklich möchte und es ein halbes oder sogar ein ganzes Jahr und natürlich länger auf dem Platz aushält.

Solltest du dann einen Termin haben, schau dir den Stellplatz und den gesamten Campingplatz gut an. Am besten liest du dir vorab schon Bewertungen im Internet durch.

Kleiner Tipp: Mach dir vorher einen Notizzettel mit eventuellen Fragen, wie zum Beispiel Wäsche waschen, Abwaschen und die Kosten wie Strom und Post, usw.

Was auch wichtig ist, ist die Größe deines Caravans bzw. Wohnwagens. Wenn die Plätze klein sind und du einen großen Wohnwagen hast, kann es recht eng werden oder nicht möglich sein, diesen auf dem Stellplatz abzustellen.

Lass dir auch die Toiletten und Duschräume zeigen. Soweit auf dem Platz vorhanden, sieh dir auch die Räume fürs Wäschewachen und den Abwasch an.

Darüber hinaus kannst du den Betreiber auch über die Hintergründe des Campingplatzes fragen. Zum Beispiel wie viel Plätze er vermietet und was in der Saison los ist. Und natürlich wie lange der Platz schon existiert und ob Dauercamping möglich ist und praktiziert wird.

Des Weiteren ist es ganz wichtig, dass du nach den Regeln auf dem Platz fragst. Manche Betreiber lassen ab 18 Uhr keinen Besuch mehr zu. Manch anderer hat eine absolute Nachtruhe ab 22 Uhr und wieder ein anderer möchte, dass du nur zwischen bestimmten Zeiten Duschen gehst, den Abwasch machst oder deine leeren Flaschen entsorgst, bezüglich des Lärmschutzes.

Auch solltest du unbedingt erfragen, wie du auf den Campingplatz kommst. Einige Plätze sind sowohl mit einer

Schranke als auch der Eingang mit einem Zaun und einem Tor gesichert. Gibt es hier einen Schlüssel?

Oder muss das Auto, wenn du zu spät kommst, vor dem Platz stehen bleiben?

Wenn du ein Vorzelt hast, solltest du fragen ob du das auch aufbauen darfst. Manche Plätze sind sehr klein und da ist es dann nicht möglich, ein Vorzelt aufzustellen.

Gibt es auf dem Platz auch Internet und was würde das im Monat kosten?

Und wie ist es mit der Post? Bietet der Betreiber Briefkästen an?

Sollte der Betreiber keine Briefkästen anbieten kannst du dir auch bei einer größeren Post ein Postfach anmieten. Die Preise liegen bei ca. 20€ für ein Jahr.

Auch an die Hygiene musst du denken. Es gibt einige Betreiber, die verlangen für das Duschen nochmal extra Geld und du bekommst dafür Duschmarken.

Und wo wir gerade beim Thema Hygiene sind, bedenke, dass du auch Schmutzwäsche hast. Auch hier kannst du fragen, ob du die Wäsche am Platz waschen kannst und was dich ein Waschgang kostet.

Auch der Strom ist bei vielen Betreibern teurer. Im Schnitt bezahlst du für eine Kilowatt Stunde etwa 0,50€. Der normale Preis beim Stromanbieter liegt zwischen 0,15€ und 0,30€.

Und wie sieht das mit Haustieren aus? Insbesondere Hunde und Katzen? Viele Betreiber erlauben zwar Hunde auf dem Platz aber keine Katzen. Und die meisten Betreiber setzen voraus, dass der Hund nur da ist, wenn du es auch bist. Also der Hund darf nicht alleine im Wohnwagen bleiben, in der Zeit, in der du auf der Arbeit bist.

Vielleicht bietet der Campingplatz Betreiber auch den Verkauf von Gas an. Das würde dir natürlich das schwere Schleppen der Gasflaschen sparen, aber natürlich variieren hier die Preise und es kann günstiger sein, die Propangas Flaschen über den Baumarkt zu beziehen.

Dann gibt es noch den Abfall. Manche Betreiber haben den Müll in den Preis bereits eingerechnet und manch anderer möchte eine monatliche Pauschale noch oben draufhaben. Auch das solltest du fragen, damit keine weiteren, nicht geplanten Kosten, auf dich zu kommen.

Und zu guter letzter ist die Bezahlung noch zu klären. Einige Betreiber wollen das Geld im Voraus. Andere schreiben zwar auf der Homepage, dass du im Voraus zahlen musst, lassen sich dann aber doch auf eine monatliche Zahlung ein. Manch anderer akzeptiert eine monatliche Zahlung oder den gesamten Betrag im Voraus.

Tipp:
Solltest du das Geld nicht haben um im Voraus zu bezahlen kannst du dir auch einen Kredit aufnehmen oder Freunde und Familie fragen, ob sie dir das Geld leihen können

Ein ebenfalls wichtiger Punkt ist die Infrastruktur. Wie weit ist die Straße entfernt und wie weit ist es bis zur Arbeit? Aber auch die Einkaufsmöglichkeiten und öffentlichen Verbindungen solltest du dir genau ansehen.

ACHTUNG:

Viele Betreiber wollen einen Nachweis über die letzte Gasprüfung haben. Solltest du diese nicht haben, lassen dich manche erst gar nicht auf den Platz. Manch anderer lässt dich drauf aber möchte, dass du die Gasprüfung innerhalb der nächsten zwei Wochen oder einem Monat nachholst. Bei vielen Betreibern kommt auch ein Prüfer vorbei. TÜV hingegen ist weniger relevant. Aber diese beiden Sachen musst du unbedingt abklären.

Lass uns hier die wichtigsten Punkte nochmal zusammenfassen:

- Ist eine Meldeadresse möglich?
- Gibt es eine Probezeit?
- Wie groß ist der Platz? Groß genug für deinen Wohnwagen?
- Was sind die Regeln auf dem Platz? (Nachtruhe, Öffnungszeiten für den Platz)
- Gibt es Briefkästen
- Sind die Schranken nachts offen und wenn nicht, hast du einen Schlüssel?
- Kostet Duschen etwas bzw. brauchst du Duschmarken?
- Was ist mit Wäsche waschen?
- Wie ist das mit der Bezahlung? Monatlich oder komplett im Voraus?
- Sind Haustiere erlaubt?
- Gibt es Internet?
- **Hat dein Wohnwagen die notwendige Gasprüfung?**

Das sind natürlich nur einige Sachen die man Fragen kann oder sogar muss. Aber das sind, meiner Meinung nach, die wichtigsten Fragen die du auf jeden Fall klären musst.

Du siehst also, dass es nicht so einfach ist, einen perfekten Platz zu finden. Du hast vielleicht ein wenig mehr Fragen und Bedenken, als wenn du in eine Mietwohnung ziehst. Aber du musst wissen, dass es für alles eine Lösung gibt und viele Probleme sich auch auf dem Campingplatz lösen lassen bzw. man mit den Leuten durchaus reden kann. Und manche der Fragen gibt es auch bei einer Mietwohnung zu klären.

Solltest du das nun alles geklärt haben steht einem Umzug

eigentlich fast nichts mehr im Wege. Dann beginnt der eigentlich leichte Teil.

Jetzt musst du nur noch mit dem Betreiber ausmachen, zu welchem Termin du den Platz anmieten und deine Wohnung kündigen kannst. Am besten lässt du dir einen schriftlichen Mietvertrag geben, damit es am Tag der Anreise zu keiner bösen Überraschung kommt, wie zum Beispiel, dass kein Platz mehr frei ist.

Umzug planen und umziehen

Du hast also nun einen Platz gefunden und lässt der ganzen Vorarbeit nun Taten folgen.

Als erstes musst du schauen, dass du so viel wie möglich aussortierst. Alles was du nicht mehr brauchst oder lange nicht genutzt hast, nutzt du auch weiterhin nicht. Also verkaufe es oder verschenke es. Notfalls kannst du es auch zum Sperrmüll bringen.

Tipp:

Lass die Finger von sogenannten Lagerräumen die zu mieten sind. Diese Kosten viel Geld und haben wenig Nutzen. Denn wie schon erwähnt, was seit zwei oder drei Monaten oder noch länger im Keller steht benötigst du wahrscheinlich nie wieder. Das lagerst du dann ein und bezahlst für deinen "Müll" sogar noch monatlich Geld. Solltest du wirklich Sachen haben, wie Winterausrüstung oder Saisonales kannst du dieses bestimmt bei Freunden oder Verwandten abstellen, sofern dein Wohnwagen keinen Platz bietet, um dieses unter zu bekommen.

Wenn du dich von den Altlasten erfolgreich getrennt hast kommt es nun zu den, eventuell unvermeidbaren oder wichtigen, Einrichtungsgegenstände.

Bedenke allerdings, dass hier weniger mehr sein kann. Das bedeutet, dass dein schöner großer Fernseher vielleicht zu groß ist. Aber ein kleiner Fernseher in einem kleinen Raum wirkt auch groß. Und es gibt auch Tabletts oder das Handy von dem aus man sich seine Sendungen ansehen kann.

Auch der PC muss eventuell weichen. Aber es gibt auch hier gute Alternativen wie einen Laptop. Und solltest du Gamer sein kannst du den PC vielleicht auch gegen eine Konsole tauschen. Oder du hast sogar einen Platz für den PC und benötigst durch den Monitor keinen Fernseher mehr?

Und wie ist das mit den Klamotten? Braucht wirklich jede Jacke oder jedes T-Shirt seinen eigenen Kleiderbügel? Es bietet sich an, mehrere Sachen über einander zu hängen oder hin zu legen anstatt aufzuhängen und so zu stapeln.

Und benötigst du wirklich eine Stehlampe? Oder kann die Lampe auch an der Decke hängen. Vielleicht lässt sich diese sogar durch eine Taschenlampe oder tragbare Lampe ersetzen?

Und in der Küche lässt sich bestimmt auch so einiges kürzen. Benötigst du wirklich 10 Teller oder reichen dir auch 4 Teller oder weniger? (Bedenke, wie oft du Besuch hast. Aber dieser kann auch Teller mitnehmen.)

Und wie ist das mit den Töpfen? Brauchst du 2 oder sogar 3? Reicht nicht nur einer?

Und die Möbel? Auf die musst du größtenteils leider ganz verzichten. Aber das ist nicht schlimm, da der Wohnwagen alles nötige wie Schränke und dein Bett drinnen hat.

Apropos Bett: Am besten nimmst du deine Matratze mit. Viele Wohnwagen haben keine richtige Matratze, sondern eher so was wie eine Luftmatratze drinnen. Das reicht mal für einen Urlaub, aber auf lange Sicht ist eine echte Matratze schon etwas Wichtiges.

Das sind natürlich jetzt alles nur Beispiele. Aber du siehst, vieles lässt sich verringern oder sogar ganz vermeiden. Wie schon öfters erwähnt, hast du im Wohnwagen weniger Platz als in einer Wohnung. Aber du hast bestimmt auch noch Freunde oder Verwandte, wo du so manches, nicht allzu häufig benutzte Gegenstände, einlagern kannst.

Den Wohnwagen vorbereiten

Du bist jetzt schon beim beinahe letzten Schritt angekommen.
Den Wohnwagen vorbereiten.
Du musst nun versuchen, dein Hab und Gut in den
Wohnwagen zu bekommen.
Also deine Tassen und dein Fernseher. Deine Kleidung und
dein PC. Und natürlich alles andere was du noch so hast. Hier
siehst du, bevor du ausgezogen sein musst, was du
unterbringen kannst und wozu du wirklich keinen Platz mehr
hast. Der Vorteil ist, dass du jetzt noch reagieren kannst. Du
kannst das ein oder andere noch verschenken oder ersetzten.
Teste auch die vorhandenen elektrischen Geräte im
Wohnwagen. Nicht das du dann auf dem Platz feststellst, dass
die Klimaanlage keinen Strom bekommt oder die Heizung
nicht funktioniert.
Vielleicht gönnst du dir vorab schon eine Nacht im Wagen um
zu sehen, ob du so klarkommst, so wie du ihn eingerichtet hast.
Am besten kaufst du jetzt auch schon die wichtigsten
Lebensmittel wie Wasser und eventuell Dosenessen.
Vielleicht saugst du vorher nochmal alles durch und putzt die
Flächen?
Auch das genug Gas an Bord ist solltest du kontrollieren.
Achtung: Manche Betreiber sehen es ungern, wenn du zu viel
Gas auf dem Campingplatz lagerst, da hiervon eine hohe
Brandgefahr sowie Explosionsgefahr ausgeht. Andere sagen
nichts, solange das Gas ordentlich gesichert ist. Wieder andere
möchten nur 5kg und 11kg Flaschen auf dem Platz haben und
nicht die, doch eher seltenen 33kg Gasflaschen.

Optimal wären auch ein Rauch- und Gasmelder. Immerhin

wohnst du lange da drinnen und diese Geräte kosten weitaus
weniger als dein Leben. Also schau, dass du dir so was
anschaffst und schon befestigt.

Bedenke aber, dass Gas schwerer ist als Luft. Also müssen der
Gasmelder nach unten und der Rauchmelder nach oben.

Solltest du das nun alles geprüft haben und eventuell
angefallene Reparaturen erledigt haben kann dein Umzug
beginnen. Aber beachte hier noch einen wichtigen Schritt bei
deinem Umzug in dein neues Zuhause.

Der Wohnwagen und der Sommer:

Wie auch bei einem Umzug in eine andere Wohnung oder ein Haus solltest du, nach Möglichkeit, auch für den Umzug in den Wohnwagen eher die warmen Monate nehmen, Dies erspart dir zum einem das Frieren in der Kälte, zum anderen ist es doch gemütlich, nach einem anstrengenden Umzugstag vor dem Wohnwagen noch ein Bierchen zu trinken oder sogar den Abend bei einer Grillparty ausklingen zu lassen.
Und wenn der Umzug dann endlich geschafft ist und du dich heimisch eingelebt hast ist es auch im Sommer einfacher die Nachbarn kennen zu lernen, weil die Menschen in der warmen Jahreszeit doch eher draußen an der frischen Luft unterwegs sind als im Winter, wenn es kalt ist.

Ein weiterer Vorteil am Sommer ist, dass du deine neue Wohnsiedlung nicht so trostlos und grau siehst, sondern sie, meistens, in schönen bunten Farben leuchtet. Zudem ist die Atmosphäre auf dem Platz eine andere als an einem trostlosen und verschneiten Tag im Winter.
Allerdings solltest du dir bewusst sein, dass sich ein Wohnwagen eher wie ein Auto anstatt wie eine Wohnung verhält.
Klingt komisch, ist aber so.
Schon früher wussten die Menschen, dass Steine im Sommer ihre Wohnungen kühlen können und somit die Hitze keine Chance hat, die Wohnung aufzuheizen. Allerdings besteht ein Wohnwagen nicht aus Steinen, sondern meistens aus Aluminium, EPS, XPS, PU Holz und verstärkten Kunststoff, auch GfK genannt.
Kurz gesagt hat der Wohnwagen eine Art Sandwich

Außenhaut, die zwar gut isolieren kann und es Feuchtigkeit auch schwer macht, in das Innere des Wohnwagens vorzudringen, allerdings wärmt sich das Innere des Wohnwagens auch schnell auf und durch die Isolation bleibt diese Hitze auch lange im Wohnwagen.

Dies hat natürlich im Winter Vorteile, wenn man im Wohnwagen heizt, aber dadurch auch Nachteile im Sommer. Ich denke mal jeder von uns weiß, wie es ist, wenn man im Sommer in ein heißes Auto einsteigt.

Nur das du nicht in ein Auto sondern in einen Wohnwagen einsteigst. Allerdings sind im Sommer auch im Wohnwagen die Temperaturen schnell über 30 bis 40 Grad.

Daher empfehle ich dir eine Klimaanlage beziehungsweise wenigstens ein Luftgerät wie ein Ventilator.

Es gibt aber auch hier wieder moderne Wohnwagen, die bereits eine Klimaanlage installiert haben. Dies erspart dir nachträglich den Kauf einer Klimaanlage, allerdings kostet dieses Modell dann in der Anschaffung mehr.

Der Wohnwagen und der Winter:

Im Winter zeigt sich ein großer Nachteil des Wohnwagens und wieso es wichtig ist, dass der Wohnwagen winterfest sein sollte. Er kühlt sehr schnell aus. Aber dies lässt sich nicht vermeiden, da der Wohnwagen auf offener Fläche steht und die Kälte von allen Seiten eindringen kann.

Daher ist es wichtig, dass die Heizung funktioniert und du Ersatzgas und eventuell Batterien zum zünden des Gases auf Vorrat hast. Teste die Heizung am besten schon in den Sommermonaten, damit eine kaputte Heizung dich im Winter nicht überrascht und du genug Zeit hast, mögliche Reparaturen durchführen zu lassen.

Eine Alternative zur Heizung wäre ein Heizlüfter. Dieser hat aber einen erhöhten Stromverbrauch und nach Möglichkeit sollte die Heizung im Wohnwagen benutzt werden. Natürlich hilft ein Heizlüfter dabei, dass der Wohnwagen schneller aufheizt. Ein weiterer Vorteil eines Heizlüfters ist, dass er unter dem Tisch oder beim Sofa heizen kann. Wärme zieht nach oben, dies bedeutet, dass wenn die Beine unter dem Tisch sind oder du aber gemütlich vom Sofa oder der Bank aufstehen möchtest, du an den Füßen frieren könntest. Hier schafft ein Heizlüfter für Abhilfe.

Natürlich wird auch mal die größte Gasflasche leer und du musst aus dem kuscheligen Wohnwagen raus in die Kälte um die Flaschen zu tauschen.

Hier könnte ein Gasumschalter oder auch Gaswechsler Abhilfe schaffen. Dieser schaltet, sobald eine Gasflasche leer ist, automatisch auf die neue um und erspart dir so das raus müssen. Du musst die leere Flasche natürlich immer noch gegen eine volle tauschen, aber erst, wenn du schon von draußen nach drinnen kommst, oder umgekehrt.

Viele Geräte lassen sich neuerdings über verschiedene Apps steuern und zeigen dir auch im Wohnwagen den Inhalt der Gasflaschen an, so dass du ohne raus zu müssen überprüfen kannst, wie viel Gas dir noch zur Verfügung steht.

Der Umzug

So, jetzt ist es soweit. Es gibt nun kein Zurück mehr. Jetzt wird der Wohnwagen deine neue Wohnung. Aber bevor du losfährst, denke an die Ladungssicherung. Ist wirklich alles im Wohnwagen gesichert und kann nichts runterfallen oder umfallen? Es wäre schade, wenn der neue Fernseher schon kaputt ist, bevor du überhaupt am Platz bist. Oder wenn die Tassen alle aus dem Schrank gefallen sind.
Also geh die Sicherung lieber noch einmal durch anstatt hinterher eine unangenehme Überraschung zu bekommen.

Wenn du dann am Platz bist musst du den Wohnwagen richtig ausrichten. Das ist insbesondere für den Kühlschrank und den Ablauf des Wassers wichtig. Hier solltest du wirklich genau vorgehen und dafür natürlich auch ein wenig mehr Zeit einplanen. Lässt sich der Wohnwagen nicht gerade hinstellen kannst du auch einen Wagenheber an einer Seite ansetzen oder du buddelst für einen Reifen ein kleines Loch. So schafft man es dann, den Wohnwagen recht gerade zu platzieren. Wichtig ist bei dem Aufstellen auch, dass du einen festen Untergrund hast. Am besten liest du dir hier aber noch das Handbuch des Wohnwagens durch. Hier findest du auch spezielle Aufstellhilfen, sofern vorhanden, und wertvolle Tipps für das genaue Ausrichten des Wohnwagens.
Sobald der Wohnwagen steht, kannst du es dir drinnen so langsam schon heimisch machen.
Solltest du damit fertig sein, bietet es sich an, nochmal alle Flächen sauber zu machen und nochmal zu Staubsaugen.

Und wenn der Wohnwagen drinnen soweit steht, dass du zufrieden bist, kannst du draußen, bei Bedarf, weiter machen.

Das Vorzelt aufbauen oder aber ein paar Pflanzen anpflanzen. Dies sollte aber bitte vorher mit dem Vermieter abgesprochen werden, denn nicht bei allen Plätzen darfst du alles anpflanzen. Vielleicht kannst du auch ein paar Stühle und einen Tisch nach draußen stellen? Immerhin ist es dein Garten. Mach ihn dir so, wie er dir gefällt. Beachte dabei aber natürlich die Regeln am Platz und im Zweifel frage deinen Vermieter, ob er es erlaubt. Das erspart dir nachträglich Ärger.

Solltest du dich nun heimisch eingerichtet haben, geht es weiter mit der Meldeadresse.

Meldeadresse

Vielleicht sollten wir hier klären, was eine Meldeadresse ist und wieso du sie brauchst.

Eine Meldeadresse ist die Adresse wo du privat gemeldet bist. Die Adresse hat das Gericht, die Stadt und auch die Polizei. Auch die Bank und manch andere Unternehmen möchten eine gültige Meldeadresse. Diese soll verhindern, dass ein Bürger abtauchen kann und den Beamten den Vorteil geben, dich bei Bedarf zu besuchen.

An die Meldeadresse gehen aber auch die Briefe vom Gericht oder von der Polizei. Auch für die Wahl benötigst du eine Meldeadresse. Also um es kurz zu machen, die Post vom Amt und Polizei geht immer an die Meldeadresse.

Du musst dich laut Gesetz innerhalb von 14 Tagen umgemeldet haben.

Hier sind wir an dem Punkt, der nochmal eine große Hürde da stellt. Das Bundesmeldegesetz erkennt zwar auch ein Wohnwagen als Wohnung an, allerdings unter der Voraussetzung, dass dieser nicht oft, beziehungsweise gar nicht bewegt wird. Dafür kannst du hier aber auch deinen Hauptwohnsitz anmelden. Und der Platzbetreiber muss dieser Anmeldung natürlich zustimmen, vergleichbar wie bei einer Mietwohnung.

Allerdings ist das Ganze, bei genauerem Hinsehen, etwas komplizierter als zunächst gedacht.

Der Campingplatz ist häufig ein Erholungsgebiet, also ein Sondergebiet, das der Erholung dient. Bis vor einigen Jahren war es also nicht möglich, dort offiziell zu wohnen. Allerdings sieht das Gesetzt seit 2018 ein wenig anders aus.

Es ist seitdem möglich, eine Wohnung im Erholungsgebiet zuzulassen, allerdings nur, wenn der Gemeinde ein korrekter Bebauungsplan vorliegt. Was bedeutet, dass es zwar nach 2018 leichter möglich ist, auf so einem Platz zu wohnen. Allerdings muss der Betreiber dies bei der Stadt beantragt haben und dies von der Stadt genehmigt worden sein.

Es besteht auch noch die Ausnahme, wenn der Campingplatz nicht in einem Erholungsgebiet liegt, sondern sich in unmittelbarer Nähe eines Wohngebietes befindet.

Also ihr seht schon, dass es mehrere Hürden gibt, die es nicht so leicht machen, einfach auf irgendeinen Platz zu melden. Aber, Kopf hoch, es gibt dennoch genug Plätze, wo dies aber möglich ist. Auch wenn es vielleicht nicht der erste Campingplatz ist, den man findet.

Du merkst schon, es ist unabdingbar, dass du dich, vor deinem Umzug in dein neues Leben, mit dem Platzbetreiber austauscht und ihm diese eine, aber doch alles entscheidende Frage stellst, ob es denn möglich ist, sich auf seinen Platz zu melden. Immerhin wird er es auch sein, der dir eine Bescheinigung für deine neue Wohnung, für das Amt, ausstellt.

Und wenn du deine Meldeadresse hast und der Wohnanhänger auf dem Platz steht hast du es geschafft. Du wohnst dann auf dem Campingplatz

Mein Leben auf dem Campingplatz

Im Letzten Kapitel des Buches möchte ich dir mein Leben auf dem Campingplatz mal ein wenig näherbringen. Ich wohne schon länger auf dem Campingplatz. Habe Sommer, Herbst, Winter und Frühling mit gemacht und möchte dir jetzt noch über den Alltag auf dem Campingplatz erzählen.
Zumindest wie es bei mir läuft. Und vielleicht kann ich dich in dem letzten Kapitel für ein Leben auf dem Campingplatz begeistern. Oder aber, du findest für dich heraus, dass es nichts für dich ist.

Wie ich am Anfang des Buches erwähnte, habe ich damals in einer teuren ein-Zimmer Wohnung gewohnt. Ich habe dann, eher durch Zufall, einen Bericht über das Leben in den Trailer Parks in den Staaten gesehen. Und seitdem hat mich dieses Denken nicht mehr in Ruhe gelassen und ich habe mir gedacht, dass dies doch bestimmt auch in Deutschland möglich sein muss. Aber wie ich festgestellt habe, ist das doch schwieriger als gedacht.
Und dann ist da noch mein Sonnenschein, mein Kind.
Ich habe mich damals von meiner Ex-Frau getrennt und unser gemeinsamer Sohn ist bei ihr geblieben.
Nur, war für mich immer der Gedanke, wie kann ich dem Jungen auf engem Raum gerecht werden, wenn er dann mal bei mir ist. Egal, ob es nur für eine Stunde oder ein Wochenende ist.
Und das war der größte Gedanke, wieso ich mir so skeptisch war, es einfach auszuprobieren.
Irgendwann hab ich allerdings festgestellt, dass es dem Kleinen egal ist, wie viel Platz er zum Spielen hat und es schafft, selbst

auf dem engsten Raum zu spielen.

Und dann kam dieser Gedanke, dass ich nichts zu verlieren habe. Ich kann die Wohnung kündigen und dann erst mal probeweise für ein oder zwei Monate auf dem Campingplatz ziehen.

Sollte es, warum auch immer, nicht klappen, habe ich immer noch zwei Möglichkeiten. Die erste, ich versuche die Probleme, die mich am Leben im Wohnwagen stören, zu ändern.

Sollte das Ändern keine Option sein, bleibt mir immer noch der Weg zurück in eine Wohnung.

Allerdings hätte ich dann fast von Null anfangen müssen.

Aber ich war dann, nach dem ich mehrere Nächte drüber geschlafen habe, sicher, dass ich das Risiko eingehen möchte. Immerhin ist es doch wirklich so, wie es das alte Sprichwort sagt: Wer nichts wagt, der kann auch nichts gewinnen. Der nicht wagt, hat schon verloren. Und der es probiert, kann sowohl verlieren aber auch gewinnen.

Und so begann ich meine Recherche, die ich hier in diesem Buch versucht habe, möglichst ausführlich zu beschreiben

Ich hatte damals einen kleinen, gerade mal sechs Meter langen Wohnwagen. Dieser war Baujahr 1986, also ein wirklich altes Modell. Den habe ich mir damals als Hobby gekauft. Ich habe darin immer mal wieder Urlaub gemacht oder aber der Wohnwagen stand an meiner Arbeit, wenn ich mal wieder nicht nach Hause gekommen bin. Dann konnte ich da drin schlafen.

Also war mir teilweise das Wohnen im Wohnwagen nicht unbekannt, allerdings ist es etwas anderes, eine Nacht im Wohnwagen zu verbringen oder allerdings diesen Wohnwagen als neues Zuhause anzusehen.

Ich habe den Wohnwagen oft mit einer Gefängniszelle

verglichen, da er auch nicht sehr groß und geräumig war. Das war auch einer der Gründe, was es mir leichter gemacht hat, mich mit dem Gedanken, dass ich da drinnen wohnen kann, anzufreunden.

Immerhin haben einige Gefangene Lebenslänglich. Und die haben auch nicht mehr Platz zum Wohnen.

Kurz gesagt, es ist möglich, auch auf engstem Raum zu wohnen, zu schlafen und zu Leben.

Als ich den Entschluss gefasst habe, dass ich im Wohnwagen wohnen möchte, habe ich mich auf die Suche nach einem geeigneten Platz gemacht.

Ich habe mit dem Suchen nach einem schönen Platz allerdings nicht nur darüber nachgedacht, ob ich dort möglicherweise wohnen möchte, sondern sofort Nägel mit Köpfen gemacht und meine Wohnung gekündigt.

Und da war schon wieder ein Nachteil, der mich gestört hat.

Meine Kündigungsfrist betrug, wie so oft, 3 Monate.

Das war mir viel zu lange.

Viel schöner hätte ich es gefunden, wenn ich am Ende des Folgemonats aus der Wohnung hätte ausziehen können.

Als ich mich nun auf die Suche nach Campingplätzen begeben habe, musste ich feststellen, dass wir in Deutschland zwar viele Campingplätze haben, allerdings die meisten nur saisonal geöffnet haben oder aber kein Dauercamping möchten. Und wenn es doch möglich ist, dann gibt es Probleme, da man sich nicht auf jeden Campingplatz melden kann, siehe dazu das Kapitel Meldeadresse.

Und so wurden aus der, doch recht großen Maße an Campingplätzen, nur paar wenige, die für mich in Frage gekommen sind.

Aber es gab sie, die Campingplätze, wo ich mich auch behördlich melden konnte.

Und so war ich schon ein Schritt weiter und habe Termine mit den jeweiligen Platzbetreibern vereinbart, um mir die Plätze genauer anzusehen.

Ich habe nach jeder Besichtigung wieder eine Nacht drüber geschlafen. Immerhin ist es vergleichbar wie mit einer Wohnungsbesichtigung und diese überlegt man sich doch auch recht gut.

Dann habe ich mich für einen schönen Campingplatz entschieden. Dieser hat einen privaten Liegeplatz am See, ein eigenes kleines Restaurant, das allerdings nur in den Sommermonaten geöffnet hat, und die Lage ist schön, mitten in der Natur. Also der perfekte Platz um nach der Arbeit gemütlich in den Feierabend zu starten.

Am Tag des Umzuges war ich, logischerweise, sehr nervös. Ich habe dann meinen Wohnwagen aufgestellt und mich langsam heimisch eingerichtet. War mir aber immer noch unsicher, ob das denn das Richtige war. Allerdings war ich auch voller Vorfreude, dass ich eine günstige Miete hatte, ein See direkt vor der Tür und viel Grünes, wo ich meine Freizeit verbringen kann.

Als ich mich dann in meinen, damals noch recht kleinen Wohnwagen, gemütlich eingerichtet hatte, hab ich auch gleich die erste Nacht in der neuen Wohnung verbracht.

Und von dieser Nacht an und den darauf folgenden Tagen und Nächten konnte ich es kaum erwarten, dass ich die Schlüsselübergabe in der alten Wohnung hatte und fest im Trailer wohnen konnte.

Ich musste auch feststellen, dass ich mir viel zu viele Sorgen gemacht habe und das es möglich ist, auf engstem Raum zu leben, zu kochen und zu schlafen.

Aber mehr Platz im Wohnwagen wäre dennoch schön gewesen, auch wenn das bedeutet, dass ich mehr Teile meines Gartens dafür aufgeben müsste.

Und dann kam schließlich auch der Tag, an dem ich meinen Sohn das erste Mal bei mir im Wohnwagen hatte. Der Tag, auf dem ich mich teilweise gefreut, allerdings auch davor Angst gehabt habe, wie er es denn aufnimmt, nun auf sehr wenig Platz mit Papa zu spielen und Spaß zu haben.

Allerdings war er erst mal sehr angetan vom Wohnwagen und schaute sich neugierig um. Und als ich dann das Spielzeug aus dem Bettkasten holte, hat ihm der Raum zum Spielen gereicht und ich musste wieder einmal feststellen, dass ich mich auch hier viel zu viel rein gesteigert hatte. Den Kindern ist es weitestgehend egal, wie viel Platz sie zum Spielen haben. Dank seiner Fantasie wurde der Wohnwagen mal zu einer Burg, mal war es ein Haus am See. Mal war es ein Gefängnis, mal war es auch unsere Wohnung.

Und nach einigen Wochen auf dem Campingplatz wusste ich, dass ich noch lange so weiter wohnen möchte. Nur, wie oben erwähnt, fehlt es doch etwas an Platz.

Und so begab ich mich auf die Suche nach einem größeren Wohnwagen.

Ohne nun zu weit auszuholen, ich wurde schließlich nach langem Suchen fündig und habe seitdem einen sehr modernen Wohnwagen, in dem ich alles habe, was ich auch in meiner alten Wohnung hatte.

Den Alltag regle ich eigentlich auch so, als würde ich in einer Wohnung wohnen. Ich habe hier auf dem Platz eine

Waschmaschine, einen Wäschetrockner, Toiletten und Duschen. Wobei ich Letzteres auch im Wohnwagen habe, diese aber nicht benutze.

Vielleicht mag es am Anfang ein wenig komisch sein, dass, wenn man duschen oder auf die Toilette möchte, erst mal Schlappen oder Schuhe anziehen zu müssen. Und im Winter muss man sich doch noch dicker anziehen, als man es zuhause macht, um mal schnell auf das Klo zu gehen. Allerdings ist der Mensch ein Gewohnheitstier und wenn man das mal eine Weile gemacht hat, entwickelt sich doch eine Routine.

Zum anderen habe ich festgestellt, dass man eigentlich alles hat, was man zum schönen Leben braucht. Nehmen wir mal das Beispiel Computer. Wenn ich was am Computer machen möchte, wie zum Beispiel, dieses Buch schreiben, so habe ich keinen großen Computer, sondern meinen Laptop.

Zudem kann ich mich mit dem Laptop auch mal in den Garten oder an den See setzten.

Nehmen wir noch ein anderes Beispiel. Das Kochen. Ich habe vielleicht keinen Elektroherd oder eine Gasleitung. Aber ich habe Propangas. Und damit kann ich auch kochen. Ich muss allerdings nur drauf achten, dass das Gas nicht leer geht.

Dafür erspare ich mir aber das jährliche Heizung- und Gasablesen.

Also wie gesagt, es ist eigentlich wie eine ein bis zwei Zimmer Wohnung.

Allerdings muss man natürlich drauf achten, dass man genug Gas hat, damit man sich abends was Schönes kochen kann und es im Winter mollig warm hat.

Aber alles in allem bereue ich die Entscheidung nicht, dass ich auf den Campingplatz gezogen bin und würde das jederzeit wieder machen.

Und mal ehrlich, es gibt nichts Schöneres, als in der Natur zu wohnen, abends noch eine Runde um den See drehen oder aber einen schönen Spaziergang im Wald zu unternehmen. Und wenn man aus dem Fenster schaut, eine schöne Idylle zu sehen. Es macht schon Sinn, dass einige sagen, dass sie dort Leben, wo andere Urlaub machen.

Jetzt bleibt natürlich noch die Frage, wie meine Freunde und Verwandte darauf reagiert haben, dass Ich doch ein Wohnwagen einer Wohnung aus Steinen, in einem Haus, bevorzuge.

Ich war am Anfang auch eher skeptisch, soll ich ihnen es erzählen? Was denken die von mir? Stimmen die Klischees etwas?

Aber ich habe mein Schweigen gebrochen und erzähle denen, die mich fragen, wo ich wohne, dass ich auf dem Campingplatz wohne. Und zu meiner Überraschung musste ich feststellen, dass viele mir Recht geben, teilweise auch mit der Idee spielen oder aber es auch gerne mal machen würden.

Jedoch habe ich bisher noch keinen negativen Kommentar gehört. Habe allerdings auch festgestellt, die Frage ist nicht, wie man wohnt, sondern wie man damit umgeht.

Hier noch ein paar Tipps zum Wohnen im Wohnwagen:

Das Propangas:

Das Propangas ist ein Flüssiggas und wird daher auch LPG (Liquified Petroleum Gas) genannt und ist fast noch wichtiger als der Strom. Immerhin kannst du mit dem Gas nicht nur im Winter deinem Wohnwagen gemütlich warmhalten, du kannst mit ihm kochen und kühlen.

Lass uns also das Gas doch mal genauer unter die Lupe nehmen.
Wie schon im Abschnitt der Wohnwagen und der Winter erwähnt, sollte dir, gerade im Winter das Gas nicht ausgehen und hier ist eine kleine Reserve nicht falsch.
Denn immerhin heizt deine Heizung in 90 Prozent der Fälle mit Propangas: Es gibt zwar einige Modelle, die auch mit Strom heizen können, aber das braucht es nicht, da der Strom auf Campingplätzen oft teuer ist und die Heizungen auch auf Gasbetrieb ausgelegt sind.
Aber du wirst schnell merken, dass du nicht nur im Winter zum Heizen auf das Gas angewiesen bist, sondern, wie du es vielleicht schon vom Grillen kennst, auch im Sommer beim Kochen und Grillen auf das Gas angewiesen bist. Beim Gas Grill ist es eine Selbstverständlichkeit, dass du Gas benötigst, deswegen nennt es sich Gas Grill. Aber auch die Kochfläche

im Wohnwagen benötigt zum Kochen Gas.

Auch zum Kühlen benötigst du Gas. Vielleicht wirst du jetzt denken, dass du doch deine Klimaanlage hast und daher das kühlen mit Gas nicht notwendig ist.
Das mag zwar für den Raum so sein, allerdings benötigst du das Gas für den Kühlschrank. Ein Kühlschrank, wie er oft im Wohnwagen ist, kühlt am besten mit Gasbetrieb. Es gibst zwar mehrere Modelle, mit dem du über 12V oder auch Strom kühlen kannst, was gut ist, wenn du den Wohnwagen mit dem Auto verbunden hast, aber wie schon vorher erwähnt, kostet der Strom mehr Geld als das Gas und der Kühlschrank kühlt besser auf Gas.

Wie du siehst, ist Gas mit eines der wichtigsten Gegenstände die du, nicht nur im Winter, unbedingt im Wohnwagen benötigst und die es auch nicht verkehrt sind, auf Vorrat zu haben.

Welche Flasche es sein soll, hängt nun wieder von deinem Nutzverhalten ab.
Jetzt wirst du vielleicht denken, was es da für ein Verhalten geben sollte. Deswegen möchte ich an dieser Stelle noch ein wenig mehr auf das Thema Gas und Gasflasche eingehen. Vielleicht weist du es schon von deinem Gas Grill, dass es 5kg und 11kg Gasflaschen gibt.
Die Wohnwagen bieten normalerweise Platz für beide Typen, egal ob du nun 5 oder 11kg kaufst. Im Normalfall haben sie auch Stellplätze für zweimal 11kg Flaschen. Einige Wohnwagen bieten sogar Platz für eine 30kg Flasche, dies ist aber die Ausnahme und diese sind auch schwerer zu

bekommen als eine einfache 5 oder 11kg Gasflasche.

Du hast dich also nun für eine 5- beziehungsweise 11kg Gasflasche entschieden?
Dann stehst du nun noch vor einer weiteren Wahl. Möchtest du lieber eine rote oder eine graue Flasche?
Hier geht es allerdings nicht auf die Optik, sondern darum, dass rote Gasflaschen befandet sind und graue Gasflaschen Kaufflaschen sind.

Das wird jetzt vielleicht ein wenig komisch klingen, hat aber den Unterschied, dass die roten Flaschen Gasflaschen verschiedener Hersteller sind und so nicht bei jeden Händler, der Gas verkauft auch zurück gegeben werden können, sondern nur bei dem Gashändler, der den Typ, bzw. den Hersteller auf der Flasche auch verkauft, zurück gegeben werden kann.

Die Graue Gasflasche ist eine Kaufflasche und kann in ganz Deutschland gegen eine neue getauscht werden, egal bei welchem Händler diese gekauft wurde.

Die Preise zwischen den Gasflaschen unterscheiden sich vom Preis her meistens ganz wenig. Wenn es überhaupt Preisunterschiede gibt. Meistens liegt, wie hier auch, der Teufel im Detail.

Die rote Gasflasche ist eine Pfandflasche und du kannst sie bei dem Händler, der die Firma, die auf der Gasflasche aufgeführt wurde, problemlos zurückgeben kannst und bekommst dein Pfandgeld zurück.

Bei der Grauen Gasflasche handelt es sich um eine

Kaufflasche. Diese kannst du, problemlos in ganz Deutschland zwar tauschen und auch zurückgeben, allerdings wird dir der Kaufpreis nicht erstattet.

Der Mehrwert bei einer grauen Gasflasche ist also, dass du sie problemlos innerhalb Deutschlands und in mehreren Teilen Europas problemlos umtauschen kannst.
Sie bietet sich also für Personen an, die durch Deutschland oder sogar durch Europa reisen.

Der Mehrwert bei einer Roten Flasche hingegen ist, dass wenn du keine Lust mehr auf Dauercamping hast oder vielleicht ein neuer Gashändler bei dir um die Ecke aufgemacht hat und günstiger ist, du die Gasflasche einfach zurückgeben kannst und dein Pfand zurückbekommst.
Sie bietet sich also für das Dauercamping an einem Standort an.

Den vorhandenen Platz nutzen:

Das ist eine der Herausforderungen im Wohnwagen. Den geringen Platz optimal nutzen.
Aber hier kann man, wenn man ein bisschen kreativ ist, viel Platz gewinnen. Ich habe in meinem Bad zum Beispiel auch ein Teil meiner Kleidung aufgehängt. So spare ich mir Platz in den Schränken.

Auch habe ich vieles nach vorne in den Bug des Wohnanhängers getan, was ich für draußen brauche. Hierzu gehören zum Beispiel mein klappbarer Campingtisch und ein Besen.

Und klappbar ist auch schon ein neues Stichwort. Viele Sachen lassen sich zusammenklappen und nehmen so weniger Platz weg.
Auch unter dem Tisch ist einiges an Platz, gerade wenn man alleine drinnen wohnt. Und natürlich unter der Sitzbank und unter dem Bett. Allerdings ist dies von Modell zu Modell verschieden.

Das mag jetzt fast ein wenig übertrieben klingen, aber es lässt sich auch durch wenige Lebensmittel eine Menge Platz sparen. Je weniger Lebensmittel im Schrank stehen, desto mehr Platz hast du. Der Hacken ist, dass man öfters einkaufen muss. Der Vorteil wiederum ist, dass man gezielter einkaufen geht, als wenn man auf Vorrat einkauft.
Also auch hier hat beides wieder seine Vor-und Nachteile.

Auch bei manchen Elektrogeräten kannst du eine Menge Platz sparen. Nehmen wir doch mal den Fernseher. Muss es wirklich einer sein, der 110cm breit ist? Reicht nicht auch einer der 80cm breit ist? Oder vielleicht sogar nur ein Tablett? Vielleicht brauchst du ja auch gar keinen Fernseher, sondern du hast einen PC und ein Monitor. Kann der Monitor nicht auch als Fernseher genutzt werden?

Auch bei den Tellern und den Töpfen kann man einiges an Platz sparen. Benötigst du wirklich 3 Töpfe und 10 Teller? Brauchst du wirklich 15 Tassen und 10 Gläser?
Wenn du jeden Tag abspülst vermeidest du schlimme Gerüche im Wohnwagen und du hast mehr Ordnung und Platz. Und das du nur noch 2 oder 3 Teller, Tassen, Gläser usw. hast, wird dir dann auch nicht auffallen.

Strom:

Wie weiter oben beschrieben, ist der Strom fast dreimal so teuer wie in einer Wohnung. Hier kann man also, wenn man es richtig anstellt, viel Geld sparen.

1. Schalte alle Elektrogeräte die du nicht brauchst aus. Nicht auf Standby:
Hier sparst du zwar nur wenig aber wenn du das ganze Jahr immer ausmachst sparst du leicht 6€ bis 10€

2. Schalte Steckdosen aus oder zieh den Stecker.
Manche Geräte ziehen Strom auch wenn sie aus sind. Schalte den Schalter an der Steckdose aus oder zieh den Stecker komplett raus

3. Da der Anhänger sehr klein ist, passt es, wenn ein Licht an ist:
Viele haben bei sich daheim immer zwei oder drei Lichter an. Das kann zwar in einer Wohnung Sinn machen aber ein Wohnwagen ist so klein, dass ein Licht meistens ausreicht. Auch wenn es ein wenig dunkler ist. Gerade an Abende im Sommer ist es gut, wenn es dunkler ist. So wird das anziehen von Mücken vermieden und die Wege zu den Sanitäranlagen werden einfacher.

4. Stelle auf LED um:
Hier kannst du wirklich viel Geld sparen. LED´s verbrauchen um einiges weniger als die Standardlampen. Diese sind zwar mittlerweile eh schon verboten aber viele haben diese noch in Verwendung.

Hau die raus! Eine 50 Watt Lampe kannst du durchaus gegen eine 3 Watt LED-Lampe ersetzen.
und jetzt lass uns das mal bei fünf Lampen machen. Hier kannst du wirklich viel Geld sparen.

5. Lasse den Kühlschrank auf Gas laufen:
Die Kühlschränke im Wohnwagen lassen sich meistens auf 12V / 230V oder auf Gas betreiben. Erfahrungen und Recherchen zeigen aber, dass der Kühlschrank immens Strom frisst. Er ist auf Gas am günstigsten. Und ein kleiner Tipp für den Winter: Lagere die Sachen doch einfach im Vorzelt oder in einer Kammer außerhalb des Wohnwagens. Dann kann der Kühlschrank sogar komplett ausgemacht werden. Aber bedenke dabei, dass die Sachen natürlich gut verschlossen sein müssen und es keine Tiere wie Ratten anziehen darf.

6. Solaranlage:
Es gibt viele Modelle von Solaranlagen. Für innen und außen. Für 12V oder 230V.
Hier kannst du viel Geld sparen. Rechne es dir aber vorher durch, ob du die Investition einer Solaranlage wieder durch die Ersparnisse rausholst. Und ob du eine fest verbaute möchtest oder aber eine mobile.

Wäsche:

Falls das Waschen bei dir viel Geld kostet oder aber dein Platz keine Waschmaschine anbietet dann kannst du in einen Waschsaloon gehen. Manchmal sind diese günstiger als die Waschmaschine vor Ort.
Oder aber du holst dir eine so genannte

Campingwaschmaschine. Diese funktioniert wie eine normale Maschine hat allerdings weniger Leistung und Platz für Wäsche. Der Vorteil ist aber, dass diese Maschine keinen Wasseranschluss benötigt. Wasser wird über einen Schlauch oder direkt über die Trommel reingebracht.
Diese Art eignet sich allerdings nur vorübergehend und stellt keine langfristige Alternative da.
Aber dann gibt es ja noch die Freunde und die Familie. Da kann man bestimmt auch mal seine Wäsche waschen.
Vielleicht mal gegen eine Schokolade.

Und einen Trockner kannst du dir gerade im Sommer auch sparen. Hänge die Wäsche doch auf eine Wäscheleine auf. Es gibt spezielle Halterungen für den Wohnwagen wo du diese leicht anbringen kannst.

Duschen:

Wie schon oben erwähnt kann das Duschen zu einem teuren Vergnügen werden.
Aber auch hier kannst du mit ein paar kleinen Tricks viel Geld sparen.

Fangen wir erst mal bei der Häufigkeit an. Man muss beziehungsweise sollte nicht jeden Tag duschen. Im Winter reicht es, wenn man sich mal ein oder zwei Tage nicht duscht. Im Sommer sollte man allerdings doch jeden zweiten Tag duschen gehen. Auch nach dem Sport oder einer Runde im See ist duschen recht wichtig.
Viele Wohnwägen haben jedoch eine Dusche intrigiert. Und wenn man warmes Wasser hat, kann man sich auch im

Wohnwagen duschen.
Viel wichtiger ist, dass man sich regelmäßig die Hände wäscht
und auch sonst auf ausreichend Hygiene achtet.

Internet:

Hier sind wir bei einem Thema, wo ich lange überlegen
musste, wie ich es am besten angehe. Internet ist wichtig und in
der heutigen Zeit auch nicht mehr weg zu denken.
Und so habe ich die verschiedenen Internet Möglichkeiten mal
versucht, zusammen zu fassen.
Es gibt nicht nur das bekannte DSL Internet. Es besteht die
Möglichkeit über LTE zu surfen oder aber auch über Satelliten
online zu gehen.
Aber fangen wir mal bei Punkt 1 an.

DSL:

*DSL ist eine Technik, bei der Daten mit schneller bzw. hoher
Bandbreite über das Telefonnetz übertragen werden.*
Und genau in diesem Satz ist auch das Problem genannt, wieso
DSL normalerweise auf einem Campingplatz nicht benutzt
werden kann. Es steht schlicht und einfach keine
Telefonleitung zur Verfügung.

Aber dafür gibt es Alternativen.

LTE:

Das Long Term Evolution oder kurz auch LTE-Netz genannt
bezeichnet den aktuellen Mobilfunkstandard.
Dies ist vergleichbar mit DSL. Teilweise auch in gleicher
Geschwindigkeit oder auf ländlichen Gebieten sogar in noch

schnellerer Geschwindigkeit beim Datenaustausch.
Ein weiterer Vorteil ist, dass hier nicht die Telefonleitung,
sondern das Mobilfunknetz zum Datenaustausch bzw. für das
Internet genutzt wird.
Und das macht es, gerade für uns Camper, zu einer echten
Alternative zum DSL.
Allerdings ist das LTE-Netz meist auf ein bestimmtes
integriertes Datenvolumen begrenzt. Und wenn das
aufgebraucht ist, wird das Internet sehr langsam.
Aber auch hier kommen immer mehr Flatrates. Die kosten aber
im Vergleich zum normalen DSL mehr.

LTE-Router:
Es gibt immer mehr Anbieter, die LTE-Router verkaufen.
Diese sind vergleichbar mit einem DSL-Router. Einige bieten
nur W-LAN, andere haben auch LAN-Anschlüsse. Also wie
ein normaler DSL-Router, mit der Besonderheit, dass man statt
einem Telefonkabel eine SIM-Karte in den Router einstecken
muss.
Die Router laufen meistens über einen Stecker und benötigen
zusätzlich zur SIM-Karte noch einen eigenen Stromanschluss,
was auf Reisen oder beim gemütlich am See liegen, durchaus
ein Problem werden kann.
Zudem kosten die Router meistens extra. Aber das kommt
natürlich, wie bei DSL auch, immer auf den gewählten Tarif
an.
Und über verschiedene Apps hast du dein Datenverbrauch
immer im Blick.

LTE Surfstick:
Wie der Name schon sagt, handelt es sich hier anstatt um einen
Router beziehungsweise einen Hotspot nur um einen Stick.

Dieser kann an alle Geräte mit einem USB-Port angesteckt werden. Das hat den Vorteil, dass man das Internet überall ohne großen Stromverbrauch mitnehmen kann, allerdings ist dann nur das eine Gerät, wo der Surfstick eingesteckt wurde, mit dem Internet verbunden. Also eher was für Reisende, die nicht mit mehreren Geräten gleichzeitig ins Internet möchten und wenn es nur begrenzte Stromquellen gibt. Aber auch hier wird wie bei den anderen Geräten auch, eine aktivierte SIM-Karte benötigt.

LTE HotSpot:
Der LTE HotSpot läuft über Akku. Hier ist es möglich, bis zu 10 Geräten gleichzeitig mit dem HotSpot zu verbinden. Allerdings ist der Nachteil, dass ein Hotspot normalerweise nur eine W-LAN Verbindung hat und der LAN-Anschluss nicht vorhanden ist.
Aber dafür eignet er sich, aufgrund der Größe, auch dafür, mal mit in das Auto oder an den See zu nehmen und mit mehreren Geräten gleichzeitig über eine SIM-Karte im Internet zu surfen.

Wenn du weder einen DSL-Anschluss hast noch hat dir LTE zugesagt, so gibt es noch das

Satelliten Internet:
Das ist, wenn man die Anlage bereits hat eine günstige Alternative zum LTE. Allerdings hat man, normalerweise solch eine Anlage nicht an Board. Und dies bedeutet, dass du meistens hohe Anschaffungskosten für den Erwerb einer Satellitenanlage hast. Unter anderem benötigst du eine Internet Satellitenantenne, da sich deine TV-Satellitenantenne meistens nicht eignet. Dann muss diese noch auf dem Dach (oder im Garten, nach Absprache des Betreibers) befestigt werden.

Anschließend noch die Kabel für die Internetverbindung legen oder aber an eine W-LAN Box hängen.
Der nötige Aufwand ist hier also ein wenig mehr. Und die nötige Hardware muss natürlich auch noch angebracht werden, wodurch zusätzliche Kosten entstehen können.
Anschließend musst du noch, wie bei jedem Vertrag, deine Geschwindigkeit und je nach Anbieter, das benötigte Datenvolumen wählen.

Du siehst also, dass jedes Internet seine Vor-und Nachteile hat. Der Vorteil bei DSL ist unter anderem, dass du geringere Kosten als zum Beispiel beim LTE hast, allerdings ist dies meistens auf dem Campingplatz nicht möglich. LTE und Satelliten Internet sind für solche Plätze aber meistens eine gute Alternative.

Der letzte Punkt der vielleicht noch interessant sein könnte, gerade um Zeit auf dem Campingplatz zu überbrücken ist, dass viele Anbieter, gegen einen höheren monatlichen Preis, auch Internet zum monatlichen Kündigen anbieten. Dies bedeutet, dass du dein Internet jederzeit am Ende des Monats kündigen kannst. Hierbei musst du allerdings sehr genau auf die Kündigungsfristen achten.

Versicherung:

Auch die Versicherung darf natürlich, wie bei einer Wohnung auch, nicht außer Acht gelassen werden.
Es gibt verschiedene Versicherer und verschiedenen Umfang in der Versicherung. Klar, wenn das Fahrzeug angemeldet ist und verkehrstauglich ist, benötigt ihr dafür auch mindestens eine KFZ-Haftpflichtversicherung. Aber hier ist es, je nach Versicherer, wieder

fraglich, ob das Dauercamping auch mitversichert ist und wie es um die Einrichtung steht.

Solltet ihr durch das Land fahren, benötigt ihr, meistens, keine weitere Versicherung.

Anders sieht es beim Dauercamping aus. Gerade wenn der Wohnwagen oder das Wohnmobil abgemeldet ist, habt ihr keinen Versicherungsschutz. Hier gibt es aber mehrere Versicherungen die genau dies abdecken und euch, bei einem Schaden, vor erheblichen finanziellen Schwierigkeiten, schützen. Ihr könnt den Versicherungsumfang natürlich wie bei jeder Versicherung auch individuell anpassen.

Post:

Wie weiter oben schon geschrieben, gibt es einige Campingplätze die Briefkästen anbieten. Diese haben natürlich Vorteile, weil du deine Post einfach an deine Adresse senden lassen kannst. Aber es gibt auch manche Betreiber, die keine Briefkästen anbieten oder alle belegt sind.

Dann gibt es die Alternative des Postfaches. Dieses kannst du in jeder größeren Poststelle anmieten. Die Kosten liegen derzeit bei ca. 25€ im Jahr.

Pakete empfangen

Was in einer Mietwohnung fast schon alltäglich ist, kann auf dem Campingplatz ein wenig anders sein. Normalerweise kommt der Paketzusteller und klingelt bei dir und bringt dir dann das Paket an die Tür.

Aber woher soll er wissen, wo du auf dem Campingplatz anzutreffen bist bzw. was dein Wohnwagen ist?

Er wird also mit relativer Sicherheit einen Zettel hinterlegen, dass du dein Paket in der Post abholen kannst.
Aber es muss nicht unbedingt dazu kommen. Du hast mehrere Möglichkeiten

Die Abstellgenehmigung:
Du kannst den Paketdienst erlauben, dass Paket einfach vor den Campingplatz abzustellen. Oder aber du gibst einen Ort an, wo er das Paket hinstellen kann. Zum Beispiel unter den Briefkästen.

Aber Achtung:
Du trägst das Risiko, wenn die Ware beschädigt oder sogar weg ist. Und er muss natürlich, ohne Schlüssel, zu dem Ort kommen können.

Zettel an den Eingang hängen:
Du kannst auch einen Zettel an den Eingang oder deinen Briefkasten hängen, dass er das Paket bitte im Büro abgeben soll.
Aber frage vorher, ob es dort auch angenommen wird und ob das Büro besetzt ist, wenn der Paketdienst kommt.

Aus dem Fenster schauen
Ja, wir kennen das alle, wenn wir auf etwas warten, werden wir ungeduldig. Und dann schauen wir öfters aus dem Fenster, wann der Paketdienst kommt. Wenn du einen guten Stellplatz hast kannst du auch leicht mit einem Auge aus dem Fenster schauen und siehst, wenn der Paketfahrer vorbeifährt und kannst dein Paket gleich abholen. Aber dann musst du auf Bereitschaft sein und die Zeit wissen, wann er ungefähr kommt. Deinen Ausweis dabei zu haben wäre auch von Vorteil.

Die Paketbox / Der Paketshop:
Das ist eine gute Alternative, an alle, die keine Abstellgenehmigung erteilt haben oder diese auch nicht erteilen wollen.
Einige Paketdienste sowie Online Händler haben spezielle Boxen, an denen Pakete abgelegt werden können. Andere Paketdienste haben Paketshops, wo die Pakete hingesendet werden können. Dabei muss als Adresszusatz jedoch unbedingt der Name mit angegeben werden.
Hier kannst du dir dein Paket dann einfach abholen, sobald es da ist.

Freunde und Verwandte:
Natürlich gibt es auch die Möglichkeit, Pakete an Freunde oder Verwandte liefern zu lassen. Sprich dies aber natürlich vorher mit den jeweiligen Personen ab. Und beim Bestellen musst du natürlich daran denken, dass die Pakete auch auf den Namen deiner Freunde oder Verwandte gehen.

An die Arbeit senden lassen:
Das ist noch ein Weg, einfach und schnell Pakete zu empfangen. Lass dir deine Bestellung, sofern dies möglich ist, einfach an deine Arbeit senden. Hier ist der Vorteil, dass ein Kollege dein Paket bestimmt in Empfang nimmt. Aber auch dies muss natürlich mit dem Arbeitgeber abgesprochen werden und die Kollegen darüber informiert werden, dass sie deine Pakete auch annehmen.

Es besteht also durchaus die Möglichkeit, auch auf einem Campingplatz, Pakete zu empfangen.

Regeln:

Wir kommen auch zu einem Thema, was zwar Selbstverständlichkeit sein sollte, ich aber dennoch, erwähnen möchte. Und zwar sind das die Regeln auf dem Campingplatz. Hier hat jeder Campingplatz seine eigenen Regeln und Umgangsformen. Aber natürlich ist auch ein Betreiber eines Campingplatzes an die Gesetzlichen Vorgaben gebunden. Diese sind unter anderem die Nachtruhe und die örtlichen Bestimmungen.
Aber dennoch kann es sein, dass ein Campingplatz keine Probleme mit Haustieren hat, ein anderer Campingplatz dies jedoch nicht zulässt. Es gibt auch Campingplätze die ausgewiesene Grillflächen haben und wieder andere haben nichts dagegen, wenn man im Garten, natürlich mit Abstand zu Gebäuden und Wohnwagen, grillt.

Also hier solltet ihr, bevor ihr einen Vertrag unterschreibt, unbedingt drauf achten und im Zweifel nochmal fragen.

Bitte haltet euch an diese Regeln. Und seit freundlich zu den Mitbewohnern. Vergesst nicht, dass es ein Ehrencodex ist, dass sich Camper unter einander auch gerne zur Hand gehen und einander helfen, wenn dies notwendig ist.

Gasprüfung:

Hier möchte ich nochmal auf ein ganz wichtiges Thema eingehen. **Die Gasprüfung**.

Viele Vermieter lassen euch ohne diese Prüfung erst gar nicht auf den Platz. Einige lassen euch zwar auf den Platz, wollen aber, dass ihr die Prüfung schnellstmöglich nachholt.
Und es dient natürlich auch eurer Sicherheit.
Also seit da nicht geizig und macht es am besten schon bevor ihr die erste Nacht im Wohnwagen verbringt.
Und wo wir gerade beim Thema Gas sind, kauft euch

Rauch-und Gasmelder:

Die Rauch-und Gasmelder sollte ich eigentlich nicht erwähnen.
Die sollten so klar sein wie das Amen in der Kirche.
Es ist zwar keine Pflicht, Rauchmelder in einem Wohnwagen oder Wohnmobil zu haben, allerdings dient es natürlich eurer Sicherheit. Man kann durchaus mal vergessen, eine Herdplatte auszuschalten, oder aber es bilden sich, auch altersbedingt, Risse im Gasschlauch.
Und wenn ihr das nicht merkt, weil ihr am Schlafen seid, könnt ihr euch das Ende vorstellen.
Also seit hier nicht zu geizig. Die Melder gibt es bereits ab 10€.
Bedenkt aber, dass Rauch nach oben zieht. Gas aber schwerer ist als Luft und nach unten geht.
Das bedeutet also, dass der Rauchmelder an die Decke gehört und der Gasmelder weiter unten besser aufgehoben ist. Und wo wir gerade beim Thema Sicherheit und Brandschutz sind.
Kauft euch auch einen Feuerlöscher

Feuerlöscher:

Ein Feuerlöscher kann Leben retten. Gerade in einem Wohnwagen wo viel Holz und Plastik bzw. Alu verbaut ist kann ein Feuerlöscher großen Schaden verhindern. Aber bedenkt, dass ihr, wenn es brennt, auf jeden Fall zuerst die **Gasleitung abdrehen** müsst. Und wenn es zu viel raucht, raus aus dem Wohnwagen. Rauch ist giftig und gerade in einem so kleinen Raum ist der Rauch schnell überall.

Lasst alles liegen und stehen. Alles Materielle lässt sich ersetzen. Aber das Leben nicht.

Die richtigen Schuhe:

Einige von euch werden sich jetzt denken, wieso ich Schuhe in die Tipps nehme.

Das ist schnell und einfach erklärt.

Ihr müsst mehrmals am Tag zwischen Waschraum beziehungsweise Sanitäranlage und dem Wohnwagen hin und her laufen. Wenn ihr jedes Mal erst die Schuhe anzieht und bindet und wenn ihr wieder zurück seid wieder alles aufmachen und ausziehen müsst, fangt ihr an über Alternativen nachzudenken.

Diese Alternativen wären unter anderem Schlappen oder Schuhe, wo ich ohne langes Schuhbinden rein und wieder raus schlüpfen kann.

Natürlich könnt ihr auch, Wetter und Boden abhängig, Barfuß gehen.

Musik und sonstiger Lärm:

Jetzt sind wir bei einem Thema, was ich vorhin nur am Rande erwähnt habe. Die Wände im Wohnwagen sind sehr dünn und dadurch hört man recht viel was draußen passiert. Aber die Personen draußen hören auch, was bei dir oder euch drinnen passiert. Also bitte hört nicht zu laut Musik und unterhaltet euch in einer normalen Lautstärke. Auch andere Geräusche sollten bitte nicht allzu laut sein.

Jetzt sind wir schon am Ende dieses Ratgebers. Ich hoffe, ich konnte euch die Entscheidung etwas leichter machen und auch den Einstieg in das Leben im Wohnanhänger etwas erleichtern. Ich habe diesen Ratgeber aufgrund meiner eigenen Erfahrungen geschrieben und ich muss sagen, dass ich es nicht bereue in den Wohnwagen gezogen zu sein. Aber ich möchte hier auch drauf hinweisen, dass man ein Wohnwagen und eine Wohnung nur schwer vergleichen kann. Es hat beides seine Vor-und Nachteile.
Aber gerade als Single oder zur Überbrückung und natürlich zum Geld sparen ist der Wohnwagen eine gute Alternative zur Wohnung.